親も子もラクになる

魔法の“ほめ”セラピー

手塚千砂子
Chisako Tezuka

学陽書房

はじめに

愛を大きく、絆をつよく

かけがえのない〝いのち〟といいますね。

そのいのちを生きている、かけがえのないあなた、
自分をたいせつにしていますか？　嫌っていませんか？

この世に生まれ、今生きている――それだけですばらしいのに、
あなたは子どもというかけがえのないいのちを産み、育てている!!
そんなあなた自身を、ほめていますか？
輝かせていますか？

もしもあなたが疲れているなら、
疲れを癒し、自分にやさしくしてほしい。
もしもあなたが自分を責めているなら、
自分を愛することのたいせつさを知ってほしい。
安心して、喜びの多い子育てをしてほしい。
私は、あなたのこころに〝だいじょうぶ～〟
という思いが満ちてくるように、この本を書きました。

「子どもたちに愛を伝え、
笑い合えるこころのゆとりをもちたい。
親も子も、家族のみんなも、
絆をつよくして、幸せに生きたい」

そんなあなたの願いを、
実現させるための本です。

だいじょうぶ、あなたの願いは実現しますよ!!

C O N T E N T S

Step 1 休み上手なお母さんになろう!

Step 2 自分をほめるお母さんになろう！

Step 3 「自分のことが好きな子ども」を育てよう！

Step 1

休み上手なお母さんになろう！

イライラしている自分にやさしくしていますか

だれでも思うようにならない時やからだが疲れているのに仕事が終わらない時、イライラしてきますよね。あともう少し、と思って頑張っている時に〝余分な仕事〟が入ってくると、もうイライラは頂点に達して、ついそばにいる人に八つ当たりしたくなることだってあります。

子育てをしていると、こういうことがしょっちゅうありますから、イライラがたまってきてもムリはありません。

この**イライラをどう扱うか**によって、イライラをもっと増やしてしまうか、それとも小さくして早めに消してしまえるかの分かれ道になります。私には多くの人が、わざわざイライラが増えるような扱いをしているように思います。あなたもそうではありませんか？

それは、イライラはいけないこと、という概念があるからなのですね。だから「がまんしなきゃいけない。こんなことでイライラするなんて、こころが狭い、母親として失格だわ」、などとイライラの気持ちを抑え込もうとしたり、イライラしていないふりをしてしまうのです。これが間違った扱いなのです。

今日からは、たとえ**イライラしたとしても、それを増幅させないで、早めに小さくしてしまえる「イライラ取り扱い法」**を実践しましょう。

イライラ取り扱い法

★イライラが発生したら、「**だいじょうぶ、だいじょうぶ、責めないで、責めないで**」と自分に言ってあげましょう（できれば手のひらを胸に当てながら）。

★イライラしている自分の気持ちを「**何があったの？**」と聴いてあげましょう。

★自分にやさしい言葉をかけて、自分をなだめてあげましょう。

★仕事が少々停滞しても、**イライラしたら休憩して気分を変えましょう。**「ここが×《バツ》」を「ここが○《マル》」にチェンジ！

かしこいお母さんは、休み上手で手抜き上手。休んだぶん、こころのゆとりを取り戻して、愛を大きくしていきましょう。

自分の気持ちを聴く練習をしましょう

自分の気持ちを聴く習慣が身につくまでは、次のチャートを意識して練習しましょう。

イライラ発生

↓

イライラしている自分に気づいたら無視しないこと

これはＳｔｅｐ２の48～51ページに出てくる「ほめ日記」をつけていると、気づきやすくなります。

↓

「どうしてイライラしているのかな？」と自分に聴いてあげる

自分のイライラを無視したり抑え込んだりしないで、「どうしたの？」と自分に聴いてあげます。

(例)「急にこんな用事ができちゃって、予定が狂っちゃうじゃない！
だからイライラしてんのヨー」
「うん、うん、そりゃあそうよ、イライラするよね。
そうか、そうか、予定が狂うのってイヤだもんね～」

と、自分の気持ちの「上手な聴き手」になりましょう。

←

手のひらを胸に当ててやさしく……

「だいじょうぶよ～、そのうち消えていくから、そっとしておこうね」

と、何度でもやさしく自分自身に言ってあげます。

すぐに消えていかなくてもだいじょうぶですよ。「ほめ日記」をつけたり、この後に出てくる30～34ページの「自己尊重」のワークをしたりしているうちに、だんだん上手になっていきます。うまくいかなくても「うん、うん、そうか、そうか～」と聴き上手になって、自分にやさしくつきあってあげましょう。

イライラしている自分の気持ちの「上手な聴き手」になり、自分に共感してあげるとイライラの原因が整理されて、落ち着くことができます。

自分のマイナス感情に共感して許してあげよう

掃除した部屋を子どもたちが散らかしているのを見ると、感情的になってどなってしまう自分をかおりさん（広島県・33歳）はいつも責めていました。自分の感情の上手な聴き手になって、共感し、自分を責めずに許す練習をしたところ、子どもたちに対しても「いいよ、いいよ」と思えるようになったそうです。

正子さん（東京都・39歳）は、子どものことを愛しているのかどうかわからないくらい自分の感情を失ってしまったことがあります。「親子間の愛を経験していない人間だから、子育てをする資格がない」と思い詰め、苦しんでいた時に「ほめ日記」を書き始め、自分の感情に共感する練習をしました。

「自分の怒りの感情と向き合い、やさしくなだめているうちに、子どもや夫に『なぜ怒っているのか』を伝えられるようになりました。自分の気持ちをたいせつにするというのはこういうことなんですね。今では、自分をたいせつにするのと同じように家族やまわりの人の気持ちも理解できるようになり、気持ちのいいコミュニケーションをとれるようになりました」と話しています。

自分のマイナス感情に共感するというのは、わかってあげる、ということです。そして「しかたないわよ、無理もないことよ」と**許して、**「でも今度はだいじょうぶ！上手にコントロールできるよ」と**プラスの方向性をつけることをセットにする**と、感情をコントロールすることが上手になります。この練習も「ほめ日記」とあわせて行うと、効果がどんどん上がりますよ。

子どもを感情的に怒らないコツは、まず、**自分自身の感情の〝やさしい理解者〟**になることなのですね。

だれもわかってくれなくても、あなただけは自分の最高の理解者でいてあげましょう。そうするうちに、あなたに共感する人が現れてくるはずです。

なんとかしなきゃと焦っていませんか

「そんなに自分を甘やかしていたら、もっとダメになるんじゃないの？」と思ってしまう人もいると思いますが、そんなことはありませんよ。**甘やかすのではなく、自分をたいせつにする**ことなのだと覚えていてください。

だれでも他の人から自分の気持ちを無視されたり、責められたりするのはイヤですね。そのイヤなことを、自分で自分にしてしまうのはおかしいでしょう。そういうことを続けていると、知らないうちにイライラが積み重なって、気がつくと何にイラ立っているのかわからないけれど、常にイラ立っているという状態におちいってしまいます。

それでもがまん強い人は、「私さえがまんすれば……」とこらえているのですが、それでは自分のいのちが喜びませんね。自律神経のバランスが崩れたり、体調を崩したり……からだにもいろいろな症状が出てきます。日常生活でも、また人間関係でもマイナスな出来事がさまざま起きてきます。

ほとんどの人が経験していると思いますが、**がまんはためるといつか爆発します。**その爆発のエネルギーはとても大きなマイナスエネルギーなので、子どもたちにもマイナスの影響をあたえてしまいます。「それはわかっているけれど……」というところだと思いますが、わかっている人たちは、こんなことではいけない、なんとかしなければと、焦ってしまいがち。感情を抑え込んだり、自分を責めたりしながら、「自分を変えなきゃ」と焦っていると、かえって怒りや不満を増幅させてしまいます。

そうならないために、**自分にやさしくして「上手な聴き手」になり、「共感して許す」**ことが大事なのです。

いいことをしているつもりで、がまんの度を越して病気になってしまったら、結局、子どもも家族も困ってしまいます。**自分をたいせつにすることは、子どもや家族をたいせつにすること**なのです。

人生はまだまだこれからです。焦ることはありませんよ。
「自分の気持ちの聴き上手」になると、
子どもの話もゆっくり聴けるようになります。

プラスイメージの言葉を毎日たくさん使いましょう

あなたは毎日の生活の中で、プラスイメージの言葉とマイナスイメージの言葉のどちらをたくさん使っていますか？　日ごろ、無意識に使っている言葉について、ちょっと気をつけてみましょう。


Ａ「うれしい」「よかった〜」「すてきね」「いいじゃない〜」「ラッキー！」

「楽しいね」「大好きよ」「だいじょうぶ、だいじょうぶ」「よくやっているね」

「今日もいいことがいっぱい」「ありがとう」「一日幸せだったね」

「健康でありがたい」


Ｂ「イヤなことばっかり」「何でできないのよー」「ダメ、ダメ」「バッカみたい」

「たいしたことないよ」「何もいいことないわー」「またやっちゃった」

「ついてないわ〜」「ダメな親だから……」「どうせ私なんか……」

ぜひ、Ａグループの言葉とＢグループの言葉を声に出して読んでみてください。感じるものの違いがわかりましたか？　快か不快かで言えば、Ａは快、Ｂは不快ですよね。

使う言葉は脳やこころに影響をあたえますから、できるだけプラスイメージの言葉を多く使うようにしましょう。そうすると、毎日の生活や人生に対する向き合い方がポジティブになり、プラスの出来事を引き寄せるようになります。楽しいこと、快適なことが増えて気持ちは前向きになるので、心配事が減りますね。**子どもにかける言葉もプラス言葉が多くなると、子どもの感情も安定し、親子ともども喜びが増えて、子育てがしぜんとラクになります。**

逆に、マイナス言葉を多く使っていると、どうなるでしょう。気持ちが落ち込みやすくなり、不安や心配が多くなるので、不快な出来事が引き寄せられてきます。子どものこころも不安定になり、親も子もつらくなってきてしまいますね。

あなたの愛や、やさしい気持ちを言葉に出しましょう。
あなたの言葉で、あなた自身のこころが喜び、
あなたの言葉で、子どもはこころに愛を育てます。

プラス言葉で幸せがひろがる

「以前は子どもたちに対して口うるさく、不安なことばかり口に出していました」とふり返るサナエさん（沖縄県・37歳）は、「ほめ日記」をつけたり、プラス言葉を多く使うようになって、それまでいかにマイナス言葉が多かったか、はじめて気がついたと言います。

「下の娘は癇癪や泣き叫びが多いし、上の娘は引っ込み思案で友だちをつくって遊ぶことが苦手だし……どうしたら子どもたちの感情が安定し、積極的な明るい子になるのか、ずっと悩んでいました。『ほめ日記』をきっかけに、使う言葉を変えて、私自身が自分を好きになっていったら、とても短い間に下の子は笑顔が増えてチャレンジ精神が出てきたし、上の子も失敗を恐れずにやりたいことをやったり、いろいろな遊びに目を向けられるようになりました」と言葉の力をかみしめています。

言葉は、脳やこころに影響をあたえるのですから、ふだん使っている言葉が無意識のうちに自分の思考や行動の方向性をつくることになります。そして〝言葉の内容〟

を実現させる力につながっていくのです。

だとしたら、実現するといいと思う言葉を使わないと、人生で損をしますね。あなたは子育てのストレスをやわらげて、楽しさのほうを大きくしたいと思っているのですから、それが**実現するようなプラスイメージの言葉をできるだけたくさん使うようにしましょう。**実現したら困るマイナス言葉を使って悩みを多くしていては、せっかくの毎日がもったいないですね。

どんなクセでもクセを直す時はちょっと抵抗があるものですが、あなた自身と家族の幸せのために、次のページの「練習」をしてみましょう。**プラス言葉を書いて、「これが実現する、これも実現する」と思いながら練習していく**と、ワクワクしてきますよ。

プラス言葉は、あなたの中から
喜び、幸せ、希望、勇気、立ち上がるつよさを引き出します。
マイナス言葉は、もちろんその反対です。

マイナス言葉をプラス言葉に変えるコツ

生活の中で口グセになっているマイナス言葉をチェックして、プラス言葉に言い換える練習をしてみましょう。これを「ほめ日記」（48～51ページ）とあわせて行うと、効果バツグンです。

①日ごろよく使うマイナス言葉を書き出します。
②次に矢印をつけ、どういうプラスの言い方に変えるか、決めたプラス言葉を書きます。
③生活の中でマイナス言葉が出てきた時は、すぐに矢印で示したプラス言葉にこころの中で言い換えます。ゆとりがある時は3回、呪文のように唱えましょう。
④少しでも変えられたら「できた、できた、この調子！」などと「ほめ日記」に書いてほめます。できなくても責めてはいけませんよ。

（例）「もう〜、やんなっちゃう！」↓「そのうち必ずいいことがあるよ」

「えぇっ！　どうしよう、こまったぁ〜」↓「助けを借りればだいじょうぶ」

「きっといいようになる」

「どうせムリよ、そんなこと」↓「やれるだけやってみよう」「もしかしたらできるかもしれない、やってみよう」

「あぁ、疲れた、疲れた」↓「疲れたね〜。お疲れさま〜。今日もよく働いてくれてありがとう、私のからださん、えらかったね」

「もう、許せない！」↓「時間をおいて考えよう」「冷静な対応ができてえらかった」

＊くり返し「許せない」と言い続けていると、自分が苦しくなってきます。**許せない人とは距離をとって、早めに気持ちを切り替えましょう。**

実現させたいことを想像しながら練習し、練習した自分をほめましょう。

まず、「自分」を好きになりましょう

プラスイメージの言葉を多く使うようになると、自分のことがもっと好きになってきます。また、自分のことを好きになると、プラス言葉がしぜんに出てきて、あなたと周囲の世界はプラスのサイクルでつながっていきます。

あなたが自分を好きかどうかで、人生を自分らしくイキイキ生きられるかどうかが決まってきますし、**自分を好きになれば子育てもラク**になって、楽しいことが増えていきますよ。

もしもあなたが子育てでストレスをためていてつらいと感じていたら、あなた自身に目を向けて、「自分を好きになる」という目標を立てましょう。

自分が好き――といっても、表面的になんとなく気に入っているというレベルからもう一歩深く、**自分のいのちそのものをたいせつに思っているという意識**を育てるところまでいきましょう。それは「自分のいのちの価値を知っていて、自分を尊重している」という自己尊重感（自尊感）を高めることです。

子育ては人生のすべてではありませんから、子育てのために自己尊重感を高めるというのではなく、あなた自身の幸せのために大事なことなのだと覚えておいてください。

そして、**あなたが自分を好きになると、子どもも「自分を好きな子ども」になります。**子どもは親のまねをしながら育ちますからね。

親が自分のいのち（からだやこころ）をたいせつにする生活をしているのを見て育つ子どもは、しぜんに自分のいのちをたいせつにする生き方を身につけます。

親が自分にも子どもにも肯定的な言葉をかけることが習慣になっている家庭で育つ子どもは、しぜんに自分を好きになり、自分にも親にも、友だちにもやさしい言葉やほめ言葉を使える子どもに育ちます。そして、安心して自立心や自信、勇気など、生きる力を伸ばし、自分の考えをもち、表現し、社会に適応できる人になります。

もしも、あなたが、なかなか自分を好きになれないと思っているなら、「好きな自分のイメージ」を自分の外に求めないで、「自分そのものの中」に求めましょう。自分を好きになることはむずかしくありませんよ。

「自分に戻る時間」をつくっていますか

自分の気持ちをやさしくていねいに聴くことで、私たちは感情の整理をしたり、納得したり、気持ちをしずめて落ち着いて対応を考えることもできるようになります。マイナス感情を「ない」もののように抑え込んだり、ごまかしたりすると、かえってこころを混乱させてマイナスの出来事を増やしてしまいますから、ちゃんと受け止める習慣をつけましょう。

そのためには母親や主婦の立場を離れて、**少しでも「自分に戻る時間」をつくる**ことが必要ですね。気分を変えれば、自分を客観的に見ることもできるでしょう。

自分に戻る時間といっても、友だちと会ったり、趣味や地域の活動などアクティブな時間の使い方と、だれにも会わずに一人で過ごす時間の使い方があります。

人と会って楽しい話題や活動に没頭するのは、頭の切り替えになり、ストレス発散にもいいですね。そして、自分という人間の向上や学びを得る充実感を味わえれば、心身が活性化し、明日への活力が増すと思います。

また、一人で過ごす時間というのは、人とワイワイしている時には得られないよさがあります。**自分のマイナス感情への共感や整理には、どんなに短くても一人の時間がほしい**ですね。自分のよい部分に目を向けてほめる「ほめ日記」も少し集中して書くと心身を活性化し、自己尊重感を高めます。何もしたくなかったら、一人でボーッとしていてもいいのですよ。ネガティブなことは考えず、ボーっとしているだけでも脳もこころもからだも休まります。できれば、木や花や土のある場所がいいですね。

静かに自分をいたわり、自分に愛を向ける時間を意識的にもつことは、ひらめきを得たり、潜在している感性を目覚めさせたりするので、とても大きな安らぎにつながります。そして、自分のいのち（こころやからだ）に気持ちを向けて感謝を伝えることも大事なこと。いのちが深いところで喜び、癒されます。

もしも、あなたが、自分一人の安らぐ時間をもつことに罪悪感を抱いているなら、今すぐ切り替えましょう。あなたのいのちが喜ぶということは、あなたの家族やまわりの人の喜びを増やすことを意味しています。

プラス言葉で疲れにくいからだになるって、ホント！

こころとからだは一体で一つのいのちですから、**こころがポジティブになってやる気が出てくれれば、からだも元気になって疲れにくくなる**、というのは本当なのです。

「ほめ言葉」に脳が反応すると、セロトニンなどの快感物質の分泌がよくなり、自律神経のバランスにもよい影響をあたえます。また、**手書きで「ほめ日記」を書くことで脳の前頭前野が活性化し、集中力や感情をコントロールする力がついてきます。**そのために気持ちが安定し、免疫力も上がってきます。「自分への感謝の言葉」も心身のストレスをやわらげますから、健康につながります。

「からだのために禁酒を実行した!! やればできる。頑張った!! いいね、いいね」と「ほめ日記」に書いた薫さん（北海道・50歳）は、20年間毎日アルコールを飲んでいました。まず1週間の禁酒を試したところ、いつも飲んでいた発泡酒が飲めなくなり、次に缶チューハイもおいしく感じなくなり、まったく無理なく禁酒できました。こころが充足感を得ると、からだによくないものは欲しくなくなるのですねと、感動していました。ムリなく禁煙ができた人もいれば、甘いものを前ほど食べなくなってスリムになったと喜んでいる人もいます。

あやさん（大分県・36歳）は、毎年5～6回風邪をひいていましたが「ほめ日記」をつけ始めてこの1年、全然ひかないそうです。「毎日疲れ果てて、朝起きても疲れがとれていない状態でした。夜は過食することがよくあったのですが、最近は疲れを感じなくなり、過食も減りました。『ほめ日記』で、ありのままでいい、今精一杯やっている、それでいいと思えるようになったので、精神的緊張と葛藤が減ったんですね。からだもこころもとても元気になりました。何十年も緊張の連続で苦しんできたのに、たった1年でここまで健康になれた私を誇りに思います」と、やはり自分のいのちに感動しています。

あなたのいのちは、いつもあなたに「知らん顔していないで、こっちを向いて」と言っています。あなたのすばらしいいのちを認めて、ほめて、「ありがとう」と言ってあげましょう。

いのちは幸せになるように プログラムされています

私たちは、幸せになるためにこの世に生まれてきました。ということは、幸せになるためのプログラムは、生まれながらにしていのちに組み込まれている、ということになりますね。

スミレの花がその花の咲かせ方をタネの時から知っているように、小鳥がさえずり巣をつくり、空を飛ぶことを知っているように、私たちもこころの深いところでどう生きるのが幸せか知っているはずです。自分の能力を発揮して自分らしい幸せを得て生きるために、脳もからだもつくられているのです。こころもそのように使うと、いのちが輝きます。いのちがイキイキと輝けば、生きていることが楽しくなりますね。

遺伝子解読により世界的にも著名な村上和雄筑波大学名誉教授によると、私たちの遺伝子の約90％は眠っていて、その遺伝子はスイッチを入れて目覚めさせることができるそうです。この眠っている遺伝子や潜在している意識の中には、幸せになる知恵や力が無限にあるはずです。あるいは、すでに目覚めているのに、使っていないだけかもしれません。

生まれた時から〝自分のいのちに組み込まれているプログラム〟を使うためには、**〝自分のいのちが喜ぶことをする〟**のが基本だと私は確信しています。いのちが嫌がることをしているとプログラムのスイッチが入りにくくなる、と思えばわかりやすいですね。

自分のことが大嫌いだった時にはできなかったことが、自分を好きになり自己尊重感を高めたら、たくさんのことができるようになって自分でも驚いているという人の話を、私はどのくらい聞かせていただいたかわかりません。そんな経験則からも「**いのちのプログラムのスイッチを入れるには、まず自分を信じ、自分のいのちに感謝し、愛し、ほめたたえること**」が近道だということがわかります。

未知の自分と出会う可能性を信じ、「このように生きたい」という希望は必ず実現すると信じましょう。

自分のいのちでありながら、知っていることはほんのわずか。
その神秘的なはたらきや眠っている未知の自分を信じ、
いのちに感謝して過ごしましょう。
いのちはあなたを幸せの方向に導いてくれますよ。

★愛のパワーを引きだす「自己尊重」のワーク

いのちの中に潜在しているパワーや〝自分を導く力〟を引きだすためには、からだを使ったワークもたいせつです。

仕事に追われていたり、精神的な悩みやストレスがたまっていたりすると、頭の回転が鈍り、呼吸が荒くなってきたりします。そうした状態を放っておくと、いいことは起きませんね。そんな時ほど意識的に気持ちを落ち着けて、からだにエネルギーを取り入れることが大事です。そうすると安心感やパワーを取り戻すことができます。

次の1、2、3のワークの中からどれかひとつ、これをやってみたいというものをまず選んで実践してみましょう。一度に全部しなくていいです。また、うまくできなくてもいいです。なんとなくやってみて、**気持ちよくなったら成功！**　何回もやっているうちに、あなたの中に自分のいのちへのやさしさや愛がふわふわ〜っと広がるのを感じられるようになると思います。

1

深い呼吸＋「だいじょうぶよ～」

①部屋のエネルギーを入れ替えましょう。窓を開け放って風を通し、部屋にこもっている古いエネルギーと、外の大気中の新しいエネルギーを入れ替えます。

②深くゆっくりした呼吸（できれば腹式呼吸で）をしながら、手のひらを胸に当てて「だいじょうぶよ～」とやさしく繰り返し自分に言ってあげましょう。プラス言葉である「だいじょうぶ」がもっている言葉のエネルギー（言霊）はやさしさや希望につながります。落ち着いてきたら自分の気持ちを聴いてあげましょう（10～11ページ）。

2 からだに「ありがとう」を伝える フィーリングトレーニング

①深い呼吸をして、こころもからだもゆるめながらやってみましょう。
椅子に座って腰を伸ばします。肩の力を抜いて腰を左右に揺らします。腰のこわばりがゆるんできたら動きを止めて、感覚の変化を感じながら、腰に向かって「いつもありがとう」と伝えます（この時、からだの中の感覚の変化を注意深く感じ取りましょう）。

②首をゆっくりまわしながら首筋を伸ばし、痛みや心地よさを感じましょう。痛みがやわらいできたらまっすぐにして、深い呼吸をしながら「首さん、ありがとう」と伝えます。

③両手の指を組んだまま、腕を上にあげて大きく息を吸いましょう。息を吐いてバタンと一気におろし、深い呼吸をします。これを3回くらい繰り返してから、胸で手を交差させ、からだを抱き寄せるイメージでからだ全体に感謝を伝えます。2〜3分間、深い呼吸をしながらやってみましょう。ふわ〜っとした気持ちのよさやいのちの喜びが感じられると思います。

④からだを動かしたくない人は、寝そべって（あるいはベッドの中で）、深い呼吸を繰り返してから、胸で手を交差させて感謝を伝えましょう。夜、「ほめ日記」（48〜51ページ）を書いて、寝る前に「私のからださん、今日1日ありがとう」と伝えられるとベストですね。良質の睡眠がとれると思います。

*からだをもっと動かしたい時は、「親子はぐくみヨガ」（84〜115ページ）を一人でやってみましょう。また、動いたあとは、必ず自分のからだに「ありがとう」を伝えます。

3 宇宙の波長とつながる「光のイメージ」

「光のイメージ」はこころの波をゆったりさせて、表面の意識が宇宙の波長やいのちの核の部分（潜在している自分を導く力）とつながりやすい状態をつくります。

・「深い呼吸」→からだに「ありがとう」を伝えるフィーリングトレーニングをして、気持ちよさを感じられたら、次の中から気持ちにピッタリするものを選んで、イメージしてみましょう。

a からだにもこころにも光がいっぱい満ちているイメージ
b 自分が光に包まれているイメージ
c 自分と宇宙が光でつながっているイメージ
d 全身に宇宙の光を浴びているイメージ

＊イメージは完全でなくていいです。ときどきれでOK。3～5分、ときどき「ほめ日記」（48～51ページ）と合わせて実践することで、いのちへの尊重感が高まってきます。

Step 2

自分をほめるお母さんになろう！

自分を「ほめて育てて」わくわくしよう

昔から「子どもはほめて育てましょう」と言われていることは、だれでも知っていますね。でも「なかなかほめられない」「ついダメなところばかり見て、怒っちゃう」という人が多いのは、なぜでしょうか？

それは、あなた自身が「自分をほめていない」からなのです。**自分をほめているとしぜんに子育てが上手になり、あなた自身も育つ**のですよ。そしてわくわくすること、幸せなことが増えてきます。自分を否定せず、責めず、「**自分もほめて育てましょう**」。

絵梨さん（栃木県・37歳）は、結婚して3年目に夫と死別し、二人の子どもを一人で育ててきました。こころの悲しみと生活の苦しさに耐えているうちに、とうとううつ状態が続くようになってしまいました。

そんなある日、「ほめ日記」のことを知り、書き始めました。

「外側にふり回されっぱなしで生きることが精一杯の毎日でしたが、自分の内側にも目を向けられるようになり、こころが安定してきました。そうすると、いのちそのもののすばらしさをこころで感じられるようになりました。笑顔も増えました。子どもに対してもダメなところを突っつくのではなく、いいところを探してほめて、『次はもう少しがんばろうね』と言える余裕ができたのです」

こんなふうに、いい笑顔で話してくれる絵梨さんは、最近の「ほめ日記」に次のようなことを書いています。

〈自分はここにいるのに自分を感じられなかった私が「今」を楽しみたいと思うようになったなんて、すごいね。こんなに変われるなんて夢みたいにステキ〉

〈他人の幸せをいつもうらやましく見ていたのに、「今に自分の夢をかなえて私も幸せになる」と思えるようになったのはすばらしいね〉

〈こころの底から笑えるようになったね。体力もついてきたし、輝いているね〉

あなたが苦しいのは「過去のせいだ」と思っていませんか？
「今」と「未来」に目を向けて、
あなた自身をほめて育ててあげましょう。
豊かに育つ力は、あなたのいのちの中に宿っています。

自分をほめると「嫌いな自分」が消えていく

自分のことを嫌いな人は、だいたいいつも自分の欠点に目を向けて、これを直さなければと努力していることが多いようです。そして、「欠点を直さなきゃ、いい母親にはなれない」と毎日自分にダメ出しをしている。それなのに、がんばっている割には直せないでいるのではないでしょうか？　そうなってしまうのは、**努力の仕方が間違っているから**です。エネルギーをムダに使っていて、もったいないですよ。

欠点を修正するには、欠点をねじ伏せようとしたり、欠点と戦ってはいけないのです。**自分のプラス面を見て、ほめて育てていく**ことで、欠点は気にならなくなり、いつの間にか自分を好きになっていきます。

親からいつも欠点を指摘されて育ったユキさん（埼玉県・29歳）は、自分には長所は一つもないのだと長い間思い込んでいました。どうしてこんな私が生まれてきたのか、死んだほうがましだと思い詰めることもあったと言います。意志が弱いから欠点を直せないのだと、その弱い自分が嫌いでした。結婚して子どもが生まれる時「私は自分の親のようにはならない、子どもは絶対にほめて育てる」と誓ったのですが、いつの間にか親と同じことを自分も子どもに言っていることに気がつき、愕然としたそうです。

「ストレスがたまると、怒りっぽくなったり、人を妬んだり、子どもにはギャーギャーと親と同じことを言っている自分をどうにかしなきゃと焦っていた時、『ほめ日記』を知って救われました。落ち込むことが少なくなって、長年とらわれていた欠点を忘れている日が多くなり、使う言葉も変わってきました。子どもをほめることも多くなったので、子どもも落ち着きました」と、ユキさんは変わった自分をほめています。

あなたも「いい母親」になろうとしてストレスをためるより、**「自分をほめる母親」になって、うれしいことの多い子育てをしましょう**。

欠点と戦っていても愛は育ちません。
自分の長所に目を向け、自分のいのちを尊べるようになると、
欠点はしぜんに遠ざかり、愛はしぜんに大きくなっていきます。

自分をほめると「人を許せる」ようになる

自分が本来もっているよい性格を見えなくさせてしまうものに、「許せない」という感情があります。私たちが「許せない」と思う時、同時に憎しみや悔しさ、恨みなどのマイナス感情が伴いますね。あるいはまた、「相手を許せないでいる自分を許せない」という責めの気持ちが自分を苦しめます。まじめでこころのきれいな人がおちいってしまうワナですので、気をつけましょう。

「どうしても許せない」「いやいや許さなきゃ」という気持ちの動きにとらわれていると、怒りがたまってきてしまいます。そんな時は「許せない」という気持ちをワキに置いて、とにかく「ほめ日記」で自分のプラス面に目を向け続けましょう。「**ワキに置く**」というのが大事なポイントです。こころの奥では許していないのに、許したふりをしていても、こころのトゲは抜けませんので、自分の気持ちにムリをせず、許せないままワキに置くのです。

自分を苦しめるマイナス感情にはできるだけ意識を向けないで、プラスイメージの言葉を使い、プラスの出来事を喜び、楽しむようにこころがけましょう。

自分の欠点をいつの間にか忘れられるように、「許せない」という気持ちもいつの間にか遠ざかっていくものです。ある時、気がついたら許していた、ということが起きてきますよ。

「もうどうでもいいわ～という気持ちになって、ラクになりました」

「許せないと思っていた親に、感謝の気持ちが出てきたのは不思議です」

こういった事例は、私のもとにたくさん寄せられています（55ページ参照）。

といっても、出来事によっては許せないこともありますね。それはそれでいいのですよ。許すことにこだわり過ぎるのもよくありません。許せる時が来るのか来ないのか、時を待ちましょう。来なければ来ないで、「許せないほどの出来事を乗り越えてきた自分」を誇りに思い、ほめて、自分を尊重しましょう。そんな強さもたいせつです。

自分のよさに目を向けて、自分を許し、受け入れ、自分のいのちの尊さに気がつくと、高い視点からその出来事を見ることができるようになります。

「ほめ日記」で眠っている「○《マル》」を発見しよう

子どもたちや若者には「無限の可能性がある」とよく言われますね。でもこれは、子どもや若者の特権ではなく、すべてのいのちがもっているものです。あなたが何歳であっても、未知の可能性と出会うことができます。私は「ほめ日記」の実践によって、眠っていたプラスの力を目覚めさせた人をたくさん知っています。

自分には「ない」と思っていた能力や感覚、感性が「ある」とわかった時、しかも一つではなくいくつも――ほとんどの人は自分に感動し、いのちの中にプログラムされているものを実感します。それが理屈ではなく「**自分のいのちに組み込まれている無限の可能性を信じる**」ということです。現実味のない言葉遊びではなく、現実に起きることなのだということを、私は一人でも多くの人に体験を通して知っていただきたいと思っています。28ページにも書いたように、スイッチが入っていなかったよい遺伝子がオンになる実感を味わってもらいたいのです。

〈片づけができないので、自分はだらしない人間なのだと悩んでいましたが、「ほめ日記」をつけているうちに、いつの間にか片づけ上手になっていました。夫も驚いています。〉

〈あがり症で人の前で話すことが大の苦手でしたが、ほめ日記歴1年で大勢の人の前で話す活動ができています。話のまとめ方も上手だとほめられています。〉

〈子どもに触られるのがイヤなので、私には愛がないのだと責めていました。それが今では抱っこやスキンシップが気持ちよくなり、自分の愛を実感しています。〉

こういった変化は、本人にとってみれば大変革であり、大きな自分新発見ですね。いのちの中には無限の「〇《マル》」（よりよいもの）が眠っていることを信じ、自分のいのちに感謝し、「ほめ日記」を書いて「どういう力を出したいのか」をはっきりさせれば、あなたも必ずそれを手にすることができます。

いのちの中の無限の「〇《マル》」を、
一生のうちにどのくらい探せるか――
そんな目標を掲げて自分に期待をかけて歩んでいけたら、
人生は最高の旅となるでしょう。

自分をほめると、子どもが変わるって、ホント！

ほんとうです！「自分をほめると自分が変わる」は当たり前。「子どもをほめると子どもが変わる」のも当たり前。そうではなくて、**自分を毎日ほめていれば、子どもは安心して、成長していくかわいさや感動を、あなたに今以上に見せてくれますよ。**

「子育て支援・はぴふる」を主宰する村松広美さん（東京都・41歳）は、「ほめ日記」を始めてすぐに変化を感じたと言います。半年たった今、広美さん自身や小学1年生の息子さんの変化は、主にどんなものだったのでしょうか。

「『ほめ日記』を書き始めてから、毎日こころが安定していておだやかです。今までだったら子どもに対してイライラしていたことも『いいよ』とやさしく言えたり、子どもをほめたり、ゆっくり待つこともできるようになりました。子どもが大声で騒いでいても気にならず家事に集中できるうえ、毎日やる気が湧いてくるので家事効率がいいです。

子どもは、以前はイライラして怒ったり泣いたり感情がよく変化して不安定でしたが、今は感情も安定してよく笑い、おだやかです。目覚まし時計で一人で起きられるようになったり、自分から進んでお手伝いをしてくれたり……。私が『宿題いつやるの？』とうるさく聞くことがなくなったため、子どもは自主的にやっています。疲れている時は、翌日の朝、起きてすぐ宿題に向かっているのを見ると、すごいな〜と感心します。後ろ向きの言葉を使わず、自分をほめてまず自分が変わることのたいせつさを実感しています。家族といることの幸福感も、前より大きくなりました」

　村松さん自身はチャレンジ精神も出てきて、最近、自分の夢に向かって準備を始めたとか。毎日がわくわく楽しいと話しています。

「ほめ日記」によって母親が自分を尊重し、自分のよさを引きだす――このことが、子どものよさやプラス面を引きだす見えない力になるのです。

自分に対する思い方が〝尊重〟に変わると、
子どもやまわりの人を信じ、
愛する気持ちが今よりもっと大きくなります。
愛が大きくなると〝小さな幸せ〟も大きく感じられるようになるものです。

自分、子ども、家族、まわりの人たちと「ほめサイクル」が始まる

「ほめ日記」は子どもや家族との関係をよくするだけでなく、まわりの人たちにもプラスの変化をもたらします。**自分をほめてまわりをほめる――そこから生まれるたくさんのプラスは、再びあなたに戻ってきます。**あなたはまたその喜びをまわりにあたたかく投げかける――**あなた発**の幸せ列車には終点がありません。

「子どもコムステーション・いしかり」の伊藤美由紀さん（北海道・51歳）が「ほめ日記」を始めたのは9年前。当時、下の息子さんが7歳、上の娘さんが16歳だった時に、「ほめ日記」で自分をほめ、子どもたちをほめながら育てました。そして、ほめ日記歴5年目ごろに、こんなことを話していました。

「『ほめ日記』で子どもたちを育てて本当によかったと思います。同級生のお母さんたちは、息子たちと会話が成り立たない、何も話さなくなったなどとよく言っているのですが、うちの子は私や夫のことも『よくやってて、えらいよな』なんてほめてくれるし、感謝も言葉にするし、とてもいい関係です」

それから4年後、子どもたちは大きくなって長女は結婚。最近、赤ちゃんが生まれたそうです。祖母になった美由紀さんは「娘も『ほめ日記』をつけていた時期もあるし、そのよさをよく知っています。娘もまた『ほめ日記』を書きながら子育てをすると思うし、私はそんな孫がどんなふうに育つのか、成長を見守ることができて、とっても幸せです」と。

また、大学生、高校生の息子さんたちは、美由紀さんの仕事のよき理解者であり共感者で、ちょっとした悩みにも「母ちゃんなら大丈夫だよ」と励ましてくれるそうです。

娘さんは地域の児童館勤務。「ほめ日記」から生まれる「ほめサイクル」は、地域の子どもたちにも広がっています。

小さな川の水がやがて大きな海にたどりつくように、自分からあふれ出る愛は、たくさんの人のこころを潤しながら、広く、そして未来にまでも、流れていきます。

自分をほめる「ほめ日記」をつけよう

それではここで、あなたが知らなかった〝新しい自分〟と出会うために、「ほめ日記」をつけてみましょう。

- 用意するもの――**ノート**と**ボールペン**。手書きが基本です。
- その日の**自分のプラス**を探して、**ほめ言葉を使ってほめます**。特別にすごいこと、がんばったことでなくていいのですよ。100点満点のうち10点でも20点でも、その部分をほめます。
- **ほめ言葉を必ず使ってください**。脳内ホルモンのバランスがよくなり、こころが安定し、心身が活性化してきます。小さなことでも変化を感じたら、そのこともほめましょう。
- 面倒だとは思わずに**手書き**をしましょう。脳の前頭前野が活性化して、感情のコントロール力や集中力がついてきます。

・当たり前と思うことも認めて、ほめることが大事です。またあらゆる角度から自分にやさしいまなざしを向けてほめましょう。次の10のポイントを頭に入れてください。

★豊かな自分を新発見できる10の〝ほめポイント〟

①内面や性格をほめる（やさしい、ユーモアがある、家族思いなど）
②行動や働きをほめる（毎日の家事、育児もちゃんとほめましょう）
③感覚や感性をほめる（音楽、絵、植物、空などに感じることなど）
④発想や考え方をほめる（生活上のアイディアや目標としていることなど）
⑤努力のプロセスをほめる（結果が出ていなくてもＯＫ）
⑥過去に努力したことをほめる（成功していなくてもＯＫ）
⑦やらなかったことをほめる（どならなかった、ケンカしなかったなど）
⑧からだのはたらきをほめる（早く歩ける足、毎日動いている心臓など）
⑨容姿をほめる（外見やおしゃれをしたときなど）
⑩プラスの変化、新しい自分発見をほめる（ここは大事なポイントです。自分に甘い点をつけてほめましょう）

★「ほめ言葉」を忘れずに

・「ほめ日記」は、**ほめ言葉のエネルギー（言霊）を自分にあたえること**に大きな意味があるのですから、**必ずほめ言葉を使う**ことがたいせつなポイントです。

・ほめ言葉を使い慣れていない人は違和感があると思いますが、それでもOK。気にしないで、できるだけたくさんの言葉を使って脳を喜ばせましょう。

・自分に語りかけるようにほめましょう（52～58ページの体験事例を参考にしてください）。

★「ほめ言葉」参考リスト

「すばらしい～」「かっこいいね」「えらいよ」「すてき！」「がんばってるね」「花まる！」「愛がいっぱい」「すてきなおかあさんよ」「成長したね」「すご～い」「ヤッタね」「お手柄だね」「いい感じ！」「いいよ～その調子」「じょうず上手」「強いね」「いいぞいいぞ」「かしこいね」「立派よ」「かわいいね」「しっかりしてるよ」「頭いいね」「いい力もってるわね」「なかなかやるじゃない」「前向きね」「いい感性しているわ」「こころが広いね」「感心カンシン」「バッチリよ」「ここまでできれば充分！」

★「ほめ言葉」＋「プラスイメージ言葉」で効果アップ！

ほめ言葉を語尾につけてほめたあとに、他のプラス言葉をつけ加えるのも効果をアップさせます。「今日は○○で**かっこいいね＋もっとすてきになるよ**」など、次のような言葉がけをしましょう。

- 自分を励ます言葉がけ（きっと私なら乗り越えられるよ、だいじょうぶ、だいじょうぶ）
- 自分を信じる気持ち（私はまだ自分が知らない力を潜在させているんだ、信じようね）
- 希望が実現するような言葉がけ（すばらしい人生が実現するよ、必ず幸せになるわよ）
- 安心の言葉がけ（精一杯やったんだから、いいことがあるわよ、安心していよう）
- 慰めの言葉がけ（いつかわかってもらえるわよ、自分のこころは知っているからいいよね）

毎日書くとイメージトレーニングになるので、言葉の中身の実現が早くなります。

「ほめ日記」体験事例

「ほめ日記」を書く習慣をつけることで、さまざまなプラスの変化が起きてくることをお話してきましたが、どのようなプラスの変化が起きるかは人それぞれです。他の人と比較して点数をつけるのではなく、「人はともかく、私はどうなのか」という視点をもって、他の人の「ほめ日記」の効果を参考にしてみましょう。**比較ではなく、あくまでも参考**ですよ。

「ほめ日記」体験事例① うつ症状がラクに

うつ症状で気分が重く、毎日の家事もつらいことが多かった真理さん（神奈川県・37歳）は「ほめ日記」を始めて1か月。どんなプラスの変化や発見があったのでしょうか。

「書いている日と書いていない日は、こころのもちようが全然違うことがはっきりわかります。書いている時は気持ちに余裕をもって過ごせるし、子どもにもどなったりすることもありません。以前は『疲れた〜』とよく口に出していましたが、『よくがんばっているね〜、エライ！』に切り替えるだけでも、全然気持ちも疲れ方も違うというのがよくわかりました。

イライラしてしまう日も落ち込んでしまう日もまだありますが、そういう時は自分の気持ちに目を向けていない時だということもわかってきました。こういうことがわかったのも『ほめ日記』のおかげですね。こころの声をいつも聴くことを忘れないようにしたいです。うつ症状は以前に比べると軽くなってきました。今は薬を飲まないで過ごしていられます」

1か月目の真理さんの「ほめ日記」から、いくつか教えてもらいました。

〈からだがしんどい時、まわりに頼って休んでいる私は甘え上手になってきたね。前は何でも一人でやらなくちゃと思っていたから、進歩しているね。〉
〈お休みの時は、なるべく子どもたちを外で遊ばせてあげようとしている私って、いいママしているね。〉
〈家族みんなのために野菜いっぱいのごはんを作っている私って、がんばっているね。〉
〈知り合いの人の誕生日を覚えていて、小さいけれどお花を贈る私って、やさしいね。〉

「ほめ日記」体験事例② いつでもどこでも「ほめ日記」とともに行動

12ページに登場した正子さんは、「ほめ日記」を始めて1年目。手帳の中に「ほめ日記」を組み込んで、いつでもどこでも書けるようにしているそうです。

「1年前の私は育児のストレスで本当につらかったです。子どもの病弱な体質を受け入れるのはとても時間がかかり苦しい坂道でしたが、その過程で私自身、大きく成長できたと思います。そのプロセスが『ほめ日記』として残っているからこそ、それがよくわかります。今では『ほめ日記』は私のかたわらで私の自信を支える存在になりました」と話してくれた正子さんは、こんなことを書いています。

〈自分の怒りを受け入れ、それをやさしくなだめ、どうして怒っているのかをまわりに伝えられるようになって、いい雰囲気をつくれるようになった。ステキだね。〉

〈虚弱体質の子どもの〝病気とこころ〟に向き合い、痛みがわかるようになった私。すごーくやさしくなったね。〉

〈私は愛があふれていて幸せだね。こころがきれいになって、鏡の中の私もきれいよ。〉

「ほめ日記」体験事例③ 暴力暴言の母を許せた

「一生、許すことはできない、早く死んでもらいたいと思っていた母と和解できました」と話すたか子さん（北海道・49歳）は、「ほめ日記」を始めて11か月目。

「以前はマイナス言葉が多く、思い込みも激しく、子どもをどなっては自分を責めることの繰り返しで、長い間自分を追いつめていました。生活の中で常にプラス言葉を使うようにすることと『ほめ日記』で、そういうことが少なくなると、もめ事がなくなり、不思議とものごとがスムーズに運ぶようになったんです。目の前が明るく開けて、『生きていてよかった』という気持ちが湧き出してきたころ、暴力暴言、ときにはネグレクトで私を育てた母を許そうという気持ちになりました。過去は過去として手放し、産んでくれたことに感謝できたのです。

その後、1か月くらい過ぎたある朝、顔を洗っていたら『今だよ、今言うんだよ』と、こころの声が聴こえたので、すぐに母に電話しました。『今までのことは許します。そしてありがとう』と伝えたら、母も泣いて『今までひどいことをしてきてごめんね』と謝ってくれました。私のハートはすごく喜んでいました。こころが軽くなりました。こんなことが起きるなんて夢のようです。幸せです」

「ほめ日記」体験事例④　アスペルガー症候群の徴候があると言われて……

仕事と育児、家事に追われる公子さん（埼玉県・42歳）は、10歳の息子のことで悩むことの多い日々でした。

「落ち着きがなくいつもバタバタしている、何回同じことを言ってもわからない――親のしつけがなっていないと人に言われては落ち込む。私の子育てがいけなかったのか、仕事をしていることがいけないのか――自分を責めながら子どもを責めて否定的な言葉を吐いてしまう――そんな自分もイヤで苦しいし、子どものことも心配だし……。そんな時『ほめ日記』を書き始めると、すぐに気持ちが上向いてきて『母親はこうでなければならない』と自分をしばっていたカセのようなものが徐々に取れてきました」と言います。

「人がどう見るかではなく、私を主体としてものごとを見られるようになってきました。子どもに対してもマイナスの思い込みがなくなってきて、そのままでいい子だし元気に育っているだけで充分、と思えるようになった自分に驚いています」

肩の力が抜けてからだもこころもラクになってきたころ、専門の医師に「ＡＤＨＤとアスペルガーの傾向」と子どもさんの診断がほぼ確定し、ドーンと落ち込み、しばらく「ほめ日記」が書けない状態になりました。しかし、公子さんは、あと戻りすることなく、しばらくして「ほめ日記」を再開しました。

「それはそれとして受け入れ、私と一緒に成長していくことができればいい、だいじょうぶ、と子どもを見る目が変わりました。トラブルがあっても子どもを責めず、いいところを探してほめるようにしたので、ずいぶん落ち着いてきました。あれから1年。学校から私が呼び出されることもなくなり、子どもは安心したやさしい顔に変わりました。『ほめ日記』って本当にすごい効果があると驚いています」

そう話してくれた公子さんは、最近はこんなことを書きました。


〈親の私が子どもを信じていれば大丈夫、と思えるようになった私はとても力強くてカッコイイよ。よくここまでになれたね。〉

〈余裕をもって出勤できるようになったね。やればできるじゃない。すばらしい。〉

〈助けてほしい時に声をあげられたね。以前の私より成長した。感心、感心。〉

〈このごろ、こころが広くなった感じ、こんな私になりたかったたね。実現してすばらしいね。〉

〈新しい自分に出会えてよかったね！　ヤッター！　カッコイイー！〉

〈このごろお肌の調子がとてもいいね。前向きだからかな。きれいになったね。〉

「ほめ日記」体験事例⑤　大震災のあとのこころのケアに

二〇一一年三月一一日、福島で東日本大震災の被害に遭われた奈津美さん（34歳）は、被災された人たちに、「ほめ日記」というセルフケアの方法があることを知らせたいので、体験を載せてほしいと、私に連絡をくれました。

奈津美さんは放射能汚染から子どもを守るために、仕事で避難できないという夫を残して、2歳と小学2年生の子どもを抱え、見ず知らずの土地での集団避難生活を選びました。子どものために住居探しに奔走し、その後、都営住宅に移ることができたとはいえ、言葉では言い表せない怖さと絶望と怒り、苦しみの、まさにマイナスエネルギーがグラグラと全身をかけめぐるような気持ちによく襲われたと言います。震災前から、「ほめ日記」で育児のストレスをやわらげ、自分を信じる力をつけていた奈津美さんは、避難生活の中でも「ほめ日記」を書き続けました。

「つらい時はとにかく自分のいいところ、ほめることをどんどん書き続けます。そうすると気持ちが落ち着いてきて、今やるべきことをやろうというパワーが出てきます。被災された人のこころのケアにはこれが最高だと思うので、みんなに知ってもらいたいのです。今の私があるのは『ほめ日記』のおかげです」と奈津美さんは言います。

Step

3

「自分のことが好きな子ども」を育てよう！

「ほめる」と「おだてる」は違う

「ほめる」ことと、「おだてる」ことや「コントロールする」ことを同じ意味のようにとらえている人に時々会いますが、これは全然違うことです。何かしてもらいたいからうまいことを言う。こちらに都合よく動いてもらいたいのでお世辞を言う——こういうことが「おだて」であったり「コントロール」です。

「ほめる」とはありのままを肯定し認めることであり、手放しの賞賛です。

また、おだてやコントロールは、相手を見ていなくても口先だけで言うことができます。こころにないこと、こころと反対のことでも言えますね。

しかし、**「ほめる」ことはこころがないとできません。**「見て」「聴いて」「話して」「共感する」「認める」「愛する」という気持ちがあってできることです。「ほめる」ことは脳科学的にも証明されているとおり、私たちがよりよく自立的に生きる力を伸ばすうえで欠かせない〝よい〟ことです。もしあなたが「ほめる」ことにマイナスの先入観をもっているようでしたら、ぜひはずしていただきたいと思います。

「うちの子はちょっと何かやらせようと思っておだてても、すぐに感じ取って逃げていきます。子どもも大きくなってくると、普段は小言ばかり言いながら、何かの時だけうまいこと言って支配しようとしても、ダメだとわかりました。気持ちがどんどん親から離れていきます。私は『ほめ日記』を始めてから、子どもをおだてなくなりましたね。なぜかというと、毎日普通に子どもをほめているので、子どもとこころの距離が近くなって、頼みたいことは普通に頼むし、子どももやれるときは手伝ってくれるようになったからです」

そう話してくれたのは、半年前まで「自分をほめるなんてとんでもない。子どもだってほめたらつけあがるんじゃないですか」と言っていた奈菜さん（東京都・37歳）。子どもをありのまま愛し、ほめられるようになったと喜んでいます。

ほめ言葉の言霊《ことだま》は、大きなエネルギーを秘めています。いのちを賛美するこころ、存在の価値を認めるこころを呼び覚ましてくれます。

子どもを「ほめる」のは「甘やかし」ではない

ゆち子さん（宮城県・39歳）は子どものころ、何をしてもほめてくれない母親に不満を抱き「どうしてほめてくれないの？」と聞いたところ、「ほめると、それ以上成長しなくなるからよ」と言われたそうです。「ほめるとダメになる」「ほめるとつけあがる」という考え方が日本には古くからありました。脳科学が発達し、**ほめることが脳によい影響をあたえる**ということがわかってきた現在でも、ほめることにまだ抵抗を感じている人が多いのは残念ですね。

ゆち子さんは「ほめ日記」でいくつものプラスの変化を体験しました。子育てに関しては、「私は親の言うことを素直に聞かないと厳しく叱られていたので、子どもの反抗的な態度がなかなか許せませんでした。でも今は、言い分をゆっくり聞けるようになったし、苦手だったスキンシップも普通にできています。ほめ上手になったし、子どもが気持ちの表現力を伸ばしていることに感動しています」と話しています。

44ページに登場した村松広美さんも、「ほめ日記」を書くことで以前より子ども

（7歳）に対してほめ言葉が出るようになったと言います。「子どもは宿題以外の勉強も自分からやりたいと言い出したり、自分はすごいんだという自信がついてきて、いろいろな面でやる気が出てきています。目に見えることをほめるだけでなく、子どものすべて、そのままをほめることも子どもに安心感をあたえていると思います」と、わが子の変化がうれしい驚きのようです。

「甘やかす」というのは、子どもがしなければならないことを親が先回りして手を出したり、がまんさせるべきところを子どもの言いなりになって、わがままを許すことです。**子どもがやるのを待ってほめれば、やる気や自信、強さも育ちます**ね。いのちのプラスの力や自己尊重感を育てるのは、ほめて育てるのが一番です。

〝自分を否定することを美徳としてきた古い通念〟からは、自己尊重感は生まれません。いのちを尊ぶとは、自分はすばらしい、あなたもすばらしい、ということをこころの中で知っていることです。

「ほめる」と「叱る」のバランスがよくなる

子育てのためのマニュアルを頭に入れて、それにとらわれていると、「今はほめていいのか、今は叱らなければいけないのか」ということがわからなくなってくることがありませんか？

親自身が自分の×《バツ》探しをやめて、○《マル》探しが上手になると、子どものこころがよく見えるようになって、「ほめる」と「叱る」のタイミングやバランスがしぜんにわかり、花○《ハナマル》がどんどん増えていきますよ。

それに44～45ページにも書いたように、**親のプラス言葉の力によって子どもの感情も安定し、リラックスするので、本来もっているプラスの力も伸びて、こころの発育も順調になりますから**、ほめることが増えて、叱ることがグンと減ってくるのです。**叱る必要のある時には、自信をもって叱る力もついてきます。**

そうなると、子育ては今まで以上に楽しくなってきますし、親子の関係も将来にわたって良好で幸せなものになると思います。

谷口浩子さん（岡山県・39歳）は、「ほめ日記」を始めて2か月目。「今まで叱っていたことが本当はほめることだった」と気がついたことがあるそうです。

「私は子どもは友だちをたくさんつくって遊ぶことがいいことと思っていたので、小学3年生の息子が家の中で一人で本を読んでいると心配になって、『どうして友だちと遊ばないの、なんで外に行かないの』と責めたてたり、何があったのか追及することがよくありました。それが今は、友だちと遊ぶ時もあれば、一人で静かにしている時もある、子どもは自分でちゃんと選択しているんだということがわかり、すごいな～と思っています。叱ることがほとんどなくなってほめることが増えたら、やらなきゃならないことは一人でちゃんとやるようになったし、テレビも自分で消して勉強しています」とベタぼめでした。

自己尊重のエネルギーがこころとからだに満ちてくると、いのちの中にもっている「調和の意識」がしぜんに表に出てきて、バランスのよい対応ができるようになります。

自分の価値を知っている子はのびのびと成長する

「ほめ日記」を続けることで、肯定的に自分や周囲を見る意識（ほめ回路）ができると、自分への信頼や尊重感が高くなります。これが生きる喜びを大きくし、潜在しているさまざまな能力を発揮していく原動力になります。

これは大人も子どもも同じです。**自分のことを好きな子どもは自信をもってのびのびと成長し、学習能力をあげていきます。**自信のない子、親から怒られてばかりいる子は、勇気ややさしさ、芯のつよさなどいのちに備わっているこころの力や生きる力がまっすぐ伸びにくくなってしまいます。

もしも、あなたが自分を好きになれずに苦しんできたとしたら、子どもに同じ思いをさせないようにしてあげましょう。自分の価値を知り、同時に他の人のプラス面に目を向け、自分にも人にもやさしくできるように。そして自分の意見を言えて、自分の可能性を信じて生きられるようにしてあげましょう。それにはあなたがまず自分をほめて、自分を好きになって、子どもをほめる生活をすることです。あなたが何歳であっても、子どもが何歳でもだいじょうぶ。今から始めれば間に合いますよ。

また、**字を書ける年齢になったら、子どもに自分で「ほめ日記」を書くことをすすめるといいですね**。自立、自尊、感謝のこころ、やる気が大きく育ちます。

「自己否定が強く、子どもに対しても否定的な言葉を浴びせるクセが祖母、母、私と三代続いていたので、私で断ち切ろうと『ほめ日記』を書き始めて3年。一時は自分の子どもにも同じ道をたどらせてしまうのかと危機的な時もあって心配しましたが、今の私には『ほめ回路』ができてきた実感がありますし、8歳、13歳の子どもたちとはうまくいっています。しっかりと自分の価値を知っている子に育てたいですね」と話すユキさん（栃木県・43歳）からは自信があふれていました。もうだいじょうぶですね。

人からほめられたら「ありがとう」と言いましょう。「いいえ、たいしたことありません」と否定するクセは、無意識に自分自身を否定するクセをつけてしまいます。

ほめて生まれる親子の信頼関係

小学生の時には家庭内暴力を起こす時期もあったMくん。そのころ、母親の佳子さん（京都府・42歳）は自己否定感が強く、不安やイラ立ちをMくんにぶつけていました。そんな時「ほめ日記」に出会い、数か月間の実践で激変！「まるで違う星に行ったみたいだった」と言います。自己否定から自己尊重へ、責めることからほめることへ、内面の大転換で世界は変わって見えてきます。「息子は私をほめてくれるし、Mくんは自分の行動に責任をもてるしっかりした高校生です。今、私たちはいろいろな話を何時間でもします。どんどん成長していく息子を見ていると、まるで『ジャックと豆の木』のツルのように天まで伸びていくと信じられるんです」と、佳子さんは信頼し合える喜びを語ります。

55ページに登場した「母親を許せた」たか子さんは、「夫とは話が一方通行でケンカになることが多かったのですが、最近はよいコミュニケーションがとれるようになり、会話も増えました。息子二人も学校のこと、自分の気持ちなどを笑顔で話してくれるようになりました」と満面の笑顔です。高校生の長男はたか子さんと一緒に街を歩くようにもなり、ご近所から「いいわね」とうらやましがられているとか。「子どものころ、こういう家庭をつくりたいと描いていた家庭に近づいています。家族に感謝、感謝です」と話すたか子さん。思いっきり幸せになってほしいです。

子どもへの信頼や親への尊敬の気持ちは、よく聞く「親だからこうあるべき」「子どもだからこうするべき」という義務感のしばりから生まれるのではないことがよくわかる事例ですね。**悪かった関係を、お互いのよさを認め合う気持ちを育てる「ほめ日記」で修復**し、愛や尊重をはぐくんでいる親子、夫婦の事例はたくさんあります。

この世で出会った尊いいのちの縁をたいせつにして、**家族が絆をつよくしていく**ことが、幸せで明るい毎日のモトですね。

「ほめ上手」な家族は、信頼し合える喜びを知っています。
それが家族の絆をつよくし、それぞれの希望を大きくすることも知っています。

子どもは“いいところ”をみつける天才！

小学生の子どもたちと「自分をほめる」ワークショップをすると、はじめのうちは「いいところなんかないよ」という反応が返ってくることが多いのですが、時間をかけて一緒に探していくと、子どもらしい発想でいろいろ出てきます。

「教室で○○くんのけしゴムをひろってあげた」「横断歩道をちゃんと手をあげてわたった」「給食を残さなかった」「洗濯物をたたんだ」など、大人は見逃してしまいそうなことも探して自分で声を出してほめます。参加者がみんなで拍手を送ると、**誇らしそうな表情をしたり、うれしそうにしたり、表情が前向き**になってきます。

「スマイル☺キッズ」（三重県四日市市）でワークショップをした時、「ママが泣いている時、そっとティッシュをもっていってそばに置いた。ぼくはやさしい」と、小さな声で自分をほめた小学1年生の男の子がいました。「子どもコムステーション・いしかり」（北海道石狩市）では、やはり小学1年生の女の子が「ママがいつもめんどうを見てくれるから、わたしはお手伝いしてママを助けている」とほめました。

家族と「ほめリレー」（81ページ）をしている茨城県のまちかちゃん（5歳）は「わたしのいいところは大きくなるところ」とほめて、お母さんを感動させました。

65ページに登場した谷口浩子さんは、英語教室を開いているので、自分の子どもだけでなく教室の子どもたちにも「ほめ日記」をすすめています。生徒たちは教室の帰りに「練習の時、大きな声を出せた」「先生の話をちゃんと聞けてえらいね」など、自分をほめてから帰るそうです。「子どもたちの表情ががらっと変わり、明るく楽しそうになりました」と谷口さん。息子のりょうちゃん（小3）は「はみがきして学校に行ったのがえらい」「お母さんに言われる前にさっとお風呂に入ってすごい」と「ほめ日記」に書いています。

子どもたちも自分をほめながら、できなかったことができるようになる自分を自覚したり、もっている力に気づいたり、「**自分を肯定する気持ち**」を身につけていきます。

大人にとっては当たり前のことでも、子どもたちにとってはスゴイことばかり。大人も童心にかえって自分も子どももほめましょう。

失敗してもいいところはなくならない、怒られてもいいところはなくならない

巻末の絵本（116〜157ページ）の中に「しっぱいしてもいいところはなくならない、おこられてもいいところはなくならない」というフレーズが出てきます（135ページ）。これは、**「私たちが自分の中にもっている〝いいもの〟は、マイナスのことがあってもなくならない」**という意味です。子どもに限らず私たちは何か一つのことを失敗したり、だれかに怒られたりすると、自分のすべてがダメなように思って落ち込みがちですね。〝そのことだけ〟を次から気をつけたり改めればいいことを、いつまでもクヨクヨ悩むのはマイナスです。実際に〝そのことだけ〟ではなく人格までけなすような怒り方をするクセの人もいますが……。どちらの場合も「ほめ日記」を書いて自己尊重感を高めると、プラスの方向に自分を変えることができます。

朋子さん（福島県・29歳）は、娘のりかちゃんが3歳の時から、この絵本を読んであげていました。りかちゃんはこの絵本が大好きで「読んで、読んで」といつもせがんでいたそうです。ある時、カーッとすることがあってつい大きな声で怒ってしまっ

た朋子さん。自分の気持ちを落ち着かせてから、りかちゃんにこう聞いてみました。

「おこってばかりいるママのこと、嫌いになった?」

りかちゃんはすかさずこう言ったそうです。「おこられてもいいところはなくならないんだよね」と。思わず、「そうだよ、そうだよ、なくならないよ、りかちゃんのこと大好き」と抱きしめながら泣いちゃったと話していたことがあります。

また、りかちゃんが小学校に入学した年の秋、「大ちゃんがいじめたの、もう明日から学校に行かない」と泣いて帰ってきました。「だれにいじめられたって、りかちゃんのいいところはなくならないのよ。いつもママが絵本を読んでいたでしょ」と言うと、とたんに「うん、そうだね」と明るい表情になって、翌日何ごともなかったように学校に行ったそうです。りかちゃんにたいせつなことがちゃんと伝わっていたのですね。この絵本のメッセージは、あなたにも、子どもたちにも私が伝えたいことです。


生まれた時からもっている○《マル》は、どんどん輝いて大きくなります。どんなことがあっても、それが消えてなくなることはないのです。

自分をほめることからはぐくまれる「いのち」をたいせつに思うこころ

「ほめ日記」を実践して、自分への愛が大きくなると、人は自分や子ども、家族だけではなく、他の人を見る目も変わってきます。**すべての人の中に「いいもの」を見るまなざしが生まれ、人の本質を信じられるようになります。**大人が〝自分で自分をほめて〟そうなるのですから、親にほめられ、愛されている安心感があれば、子どもはしぜんにいのちをたいせつに思うこころをはぐくんでいきます。

俊くんのお母さん・幸子さん（愛知県・28歳）も絵本『わたしは・ぼくはたいせつないのち』（116〜157ページ）を俊くんに読み聞かせ、ほめて育てました。年長さんになったある日、俊くんは家に帰るとこんな報告をしたそうです。

「きょうね、ヨッちゃんのことをみんながいじめたんだよ。でも僕はいじめなかった。ヨッちゃん泣いててかわいそうだった。ヨッちゃんだって**いいところ**あるんだよね」

幸子さんは「この絵本を読んで育ててよかった。いつの間にか、こんなに思いやりのある子になっていたんです」と目をうるませて話してくれました。

北海道石狩市のある小学校の子どもたちと「自分をほめる授業」をしたことがあります。からだやこころのはたらきをみんなで考えたあとで、一人ひとりが自分をほめることをノートにいっぱい書きました。あとで感想を聞くと「こんなにできることがあると思わなかった」「いのちはスゴイと思った」「これからはもっといのちを大事にしようと思った」「自殺とかする人がいるけど私は絶対にしないと決めた」などなど。自分の中にある大きな力に子どもたちは感動し、いのちのたいせつさを感じとってくれたようです。

自分の中に未知のすばらしい力があるのだと子ども自身が信じること――これが生きていくうえでもっとも大事なことであり、**自分のいのちをたいせつにするこころを育てるモト**なのです。それはやがて、すべてのいのちへのやさしさをこころに育てていきます。そんな子どもたちが成長し、活躍する社会は、きっと、だれにとっても生きやすく、やさしい社会になるにちがいありません。

いのちへの感謝の言葉やほめ言葉は、〝いのちの栄養〟になります。子どものいのちの成長に、惜しみなく〝栄養〟をあげましょう。

親子で**ほめ日記**をつけよう

Ｓｔｅｐ１、Ｓｔｅｐ２で書いてきたように、親が「ほめ日記」を書くことで、さまざまなプラスの変化や新しい発見が生まれます。**今の自分が変わる（もともともっているプラスの力を取り戻す）**ということは、**今だけでなく、将来が変わる**ことですね。しかも自分一人だけではなく、家族一人ひとりのプラス面も引き出され、家族の将来もプラス方向に進む力につながるのですから、すばらしいことです。

そうなると、家族全員が「ほめ日記」をつければどんなにいいか――想像がつきますね。**プラスの連鎖、〝ほめ連鎖〟が始まり、愛や幸福度がぐ～んとアップ**します。

次のやり方と事例を読みながら、どうぞあなたも親子で、家族で、実践してみてください。

★親子で「ほめ日記」——自分で字が書ける子どもの場合

・親は親自身の「ほめ日記」を書きます。
・子どもも子ども自身で「ほめ日記」を書きます。
（親は書かずに子どもだけに書かせることはやめましょう！）
・書く時間は親子別々でOK。それぞれが書ける時に書きます。
・それぞれが「ほめ日記」に書いたことを、**お互いに伝え合い、ほめ合いましょう。**
・子どもはほめること自体がわからなかったり、ほめ言葉もよく知らない場合もあるので、お母さんはよいアドバイザーになってあげましょう。

★親子で「ほめ日記」——まだ自分で字が書けない子どもの場合

・親は親自身の「ほめ日記」を書き、子どもの「ほめ日記」は**代筆**します。
・必ず「今日は何をほめる？」と子どもに聞いて、子どもが言ったことを、見ている前で書きます。子どもが「わからない」と言ったら「今日はこのことをほめようよ」などと、ほめてあげたいところを見つけて一緒にほめてから、見ている前で書きます。

親子で「ほめ日記」体験事例●不登校の子どもが学校に行き始めた

夫とうまくいかず、離婚を考え、悩んでいた晶子さん（山口県・36歳）は、夫に対する腹立たしさと、自立できない自分への情けなさで怒りっぽくなっていた時期、娘の夕実ちゃん（小3）をガミガミどなってばかりいました。下の二人の子どもの面倒もみながらパートの仕事。ストレスはたまる一方で、上の子にばかり当たり散らし、いけないと思いながらも自分をコントロールできなかったと言います。やがてその子どもは不登校になってしまいました。

結婚も子育ても失敗だったと自分を責め続ける一方、何もかも夫のせいだという気持ちはふくらむばかり……。そんな時に「ほめ日記」を知って、「もうこれしかない」という気持ちで書き始めました。まず、晶子さんの顔が変わり、口調が変わり、使う言葉が変わり……当然、子どもに話しかけるときの表情やその中身、そしてエネルギーが変わっていきました。

「やさしいママになった」と、子どもはすぐに気がつきます。もう前みたいに怒られないとわかると、子どもは母親のそばに少しずつ寄ってきます。そして、晶子さんはかわいいノートを買ってきて「ママも書いていて元気になったから、夕実ちゃんも書こうよ」と、二人の「ほめ日記」が始まりました。

「ママ〜、きょうわたしこの本読んだの、これほめてもいい？」

「すごいじゃない、全部読んだの？　そりゃ、いっぱいほめたほうがいいよ」

「ママは今日何ほめるの？」

「何にしようかな〜」

「ママ、今朝、目玉焼きがきれいにできたから、それほめれば〜」

母子の会話が明るく楽しいものになりました。マイナス言葉が行き交う関係が、こころが通い合うプラス言葉の関係に、とても短い間で変わっていきました。

それから間もなく、娘さんは半年も休んでいた学校に行き始め、「学校は楽しい」と言っているそうです。

「家庭の中に笑い声が響いている――こういうことが幸せなんだとしみじみ感じています。夫のよさも見えてきたし、何とかやっていけそうなところまできました。『ほめ日記』って魔法みたいですね。私は子どもを愛している、愛せるんだとわかったことが一番うれしい」と、晶子さんは涙を拭きます。

親子&姉妹で「ほめ日記」体験事例
●6歳の姉・みきちゃんと1歳の妹・えみちゃんの「ほめ日記」

62ページに登場したゆち子さんは、長女のみきちゃんがまだ字が書けないころ（当時5歳）から、みきちゃんの「ほめ日記」を**代筆**してきました。みきちゃんは6歳になって字が書けるようになってからは、自分で書いています。最近はこんなことをほめました。

「えみちゃん（妹・1歳）がみきのだいじなおもちゃをなめていたけど、キャーといわずにおちついて、これちょうだいねとやさしくいえてすごいね」

「えみがぐずっているとき、どうしたいの、ときいてあげたみきは、やさしいね」

さすが、いつもお母さんからほめてもらっているだけあって、「自分ほめ」が上手ですね。ゆち子さんは「ほめ日記」を始めたころは、やったこと、できたことを中心にほめていましたが、最近は子どものこころやからだ、成長をほめるようにしているそうです。みきちゃんにしっかりと伝わっていますね。

また、こんな愛らしい出来事もありました。ゆち子さんが台所で夕食の準備をしていると、「えみが自分をほめた～‼　すごいよ～」とみきちゃんが興奮して報告にきたのです。よく聞いてみると、みきちゃんは、妹えみちゃんの「ほめ日記」を書いてあげようと思いついて、お母さんがしてくれていたように「えみは今日は何をほめようか？」と聞いたそうです。すると1歳のえみちゃんは片言で「かっか（お母さん）……まってて……いった……ばぁば（おばあちゃん）」と答えたそうです。みきちゃんの通訳（⁉）によると、「お母さんが『待っててね～』と言って出かけて行った。その間（おりこうに）おばあちゃんと待っていたえみはえらい！」となるそうです。

みきちゃんは、妹の「ほめ日記」にはそのことを書き、自分の「ほめ日記」には「えみがじぶんをほめているのをききとれたみきはすごいね〜！」と書きました。

そして、お母さんのゆち子さんはこう書きました。

「みきが自分の『ほめ日記』を書くだけでもすばらしいのに、妹の片言を聴き取って、『えみスゴイよ〜！』と感動し、妹の『ほめ日記』まで書いてやってる。何てすばらしく愛らしいやりとりでしょう♪　私がよいお手本を示せているからだね。こんな愛あふれる子育てをしている私は最高にすばらしい母親だよ！」

★親子で「ほめ日記」——家族で「ほめリレー」をする場合

(1)家族でそれぞれがまず「ほめ日記」を書き、それを言葉に出して順番に自分をほめます。

(2)次に、お互いをリレーでほめます。その日によって順番を変えたり、一人を家族全員がほめたりするのもいいですね。

(例)お母さんがお父さんをほめて、お父さんは子どもをほめて、子どもはお母さんをほめて、次に逆回りでお父さんはお母さんをほめて、お母さんは子どもをほめて、子どもはお父さんをほめる——というように順番にほめていきます。

ルール

- ほめるときにだれかと比較してほめないこと。

（よくない例）「**○○さんよりあなたのほうが上手ね**」

- ほめられた人は必ず「**ありがとう**」と言うこと。「いやいや、そんなことないよ」などと否定的な言い方をしないこと。

＊「ほめリレー」は特定非営利活動法人自己尊重トレーニングで提供しているラブライフトレーニングを応用したものです。

家族で「ほめリレー」体験事例①

マリさん（大阪府・40歳）も家族で週に一度くらい「ほめリレー」をしています。はじめはマリさんが夫を誘って音頭をとっていましたが、今は6歳のチーちゃんが「今日はやらないの～」とお母さんとお父さんを誘っています。先週チーちゃんは自分のことを「うんちがいっぱい出てすばらしい」とほめました。お母さんのことは「ママは今日はビールを飲まないでエライ」。お父さんのことは「パパはドッジボールで遊んでくれるのがすばらしい」とほめました。

マリさんは「夫は『ほめリレー』を始めてから帰宅時間が早くなったし、『わー、今夜のおかずは○○だ。マリは料理が上手だよね』などと私をほめることも増えました。夫婦の会話も弾むようになって、そんな時、子どももニコニコうれしそうにしています。これが家庭の幸せなんですね。ほめ合うって大事です！」と話してくれました。

家族で「ほめリレー」体験事例②

智子さん（三重県・36歳）の夫は、「ほめリレー」を毎日寝る前にするようになってから、休みの日に1歳半のなっちゃんと遊ぶ時間が増えたそうです。「なつは『パパはおちごとえらいでちゅ』と、毎日同じことを言う。それでも夫はうれしそうで、なつをかわいがるようになりました。それまで子どもとあまり遊ばない人だったんですけどね。最近、家族の絆が前より深まってきたと感じています」と智子さん。

彼女自身も愛情表現がだんだん上手になっているようです。すてきですね。

親子はぐくみヨガ

「だいすき・ありがとーマッサージ」

これは私が各地で行っている〝親子で一緒に自己尊重感をはぐくんでいくヨガ〟です。

子どもにとっては、お母さん（お父さん）とスキンシップをしながら遊ぶ楽しさと喜びを満たすことができます。叱ったあとの仲直りの機会にもなりますね。

お母さんにとっては、子どもが母親に触りたい気持ちを受け止めてあげる機会になります。また、触られるのが苦手というお母さんも、しぜんにその意識を消していくことができます。

♥このヨガの特徴は、からだを動かしたあと、毎回使った部位に**「だいすき、ありがとー、だいすきよー」**などと言いながらお互いになで合う「だいすき・ありがとーマッサージ」をすることです。

♥お母さん（お父さん）にとっては、血液、エネルギーの流れをよくし、こわばっている筋肉をやわらかくしますので、こころの安らぎとからだの活性化を高める効果が期待できます。

♥気がついたら自分のいのちも子どものいのちも、いつもよりずーっといとおしく感じている――そんなワークです。

♥「ママ」の部分は「お母さん」、また「パパ」や「お父さん」と言い換えてももちろんＯＫです。また、**「〇〇ちゃん」のところは子どもさんの名前を入れましょう**。

♥親が一人で行ってももちろんＯＫ。こころが疲れた時など、自分のからだに「ありがとー」と言いながら、じっくりやってみてください。

1

ママといっしょに
だいすき・ありがとー
わくわくワークだ
すきすきスッキリ

○○ちゃんをなでなで
だいすき・ありがとー
ママをなでなで
だいすき・ありがとー

♥ **POINT**：子どもをそばに誘います。親が子どもに、その後、子どもが親に、なでるように、スキンシップをしていきます。

2

ママのおなかの中
あかちゃんのバギー
○○ちゃんも丸くなって
ねむっていたよ

○○ちゃんのおなかさん
だいすき・ありがとー
ママのおなかさんも
だいすき・ありがとー

♥ **POINT**：仰向けに寝た親のおなかの上に子どもをのせ、からだを左右にゆらゆら揺らし、腰の筋肉をゆるめながら、子どもを遊ばせます。腰の筋肉が疲れてくるまで繰り返しましょう。そして、親が子どものおなかに、その後、子どもが親のおなかに、なでながら「だいすき・ありがとー」と伝えます。

3

ママの足さん
おでかけ　げんき
ぶらぶら　ゆびさんも
わらっているよ

○○ちゃんの足さん
だいすき・ありがとー
ママの足さんも
だいすき・ありがとー

♥ **POINT**：親と子どもがそれぞれ仰向けに寝て、両足をあげて足先をブラブラさせます。足をおろしたら、親が子どもの足に、その後、子どもが親の足に、なでながら「だいすき・ありがとー」と伝えます。

4

ママのおてては
おりょうり・パソコン
キラキラ　しあわせ
つむいでいるよ

○○ちゃんのおてて
だいすき・ありがとー
ママのおてても
だいすき・ありがとー

♥ **POINT**：親と子どもがそれぞれ仰向けに寝て、両腕をあげて手首をブラブラさせます。腕をおろしたら、親が子どもの手に、その後、子どもが親の手に、なでながら「だいすき・ありがとー」と伝えます。

5

ママのひざの上
ゆりかご　ゆらり
ほっぺにかんじる
クッション　な〜に？

○○ちゃんのひざさん
だいすき・ありがとー
ママのひざさんも
だいすき・ありがとー

♥ **POINT**：親はあぐらを組んで座り、子どもの頬が胸に当たるように抱っこして左右に倒れそうなほど揺らします。そして、親が子どものひざに、その後、子どもが親のひざに、なでながら「だいすき・ありがとー」と伝えます。

6

ママの首さん
ぐる～んとまわる
たかい　木のうえ
ことりさん　みつけた

○○ちゃんの首さん
だいすき・ありがとー
ママの首さん
だいすき・ありがとー

♥ **POINT**：それぞれ首をゆっくり回したり、左右にゆっくり倒したりします。そして、親が子どもの首に、その後、子どもが親の首に、なでながら「だいすき・ありがとー」と伝えます。

7

ママの肩さん
グルグル水車
おつかれ　おしごと
ゆうひが　しずむ

○○ちゃんの肩さん
だいすき・ありがとー
ママの肩さんも
だいすき・ありがとー

♥ **POINT**：それぞれ肩を大きく回しながら肩の筋肉をほぐします。そして、親が子どもの肩に、その後、子どもが親の肩に、なでながら「だいすき・ありがとー」と伝えます。

8

○○ちゃん　ママのむねの中
だいじな　しんぞうさん
いのちの音が
きこえてくるよ

○○ちゃんのしんぞうさん
だいすき・ありがとー
ママのしんぞうさんも
だいすき・ありがとー

♥ **POINT**：それぞれお互いの心臓に手を当てて心音を感じてみましょう。そして、親が子どもの心臓に、その後、子どもが親の心臓に「だいすき・ありがとー」と伝えます。

9

ママの背中さん
かくれんぼの　きおく
スリスリ　あったか
おひさまみてる

○○ちゃんの背中さん
だいすき・ありがとー
ママのせなかさんも
だいすき・ありがとー

♥ **POINT**：親子が背中合わせになり、腕を組みながら背中をスリスリさせます。そして、親が子どもの背中に、その後、子どもが親の背中に、なでながら「だいすき・ありがとー」と伝えます。

10

ママの腰さん
パワーの　いずみ
のびのび　グ～ン
生きてくちから

○○ちゃんの腰さん
だいすき・ありがとー
ママの腰さんも
だいすき・ありがとー

♥ **POINT**：親子が背中合わせになって腕を組み、親の背中に子どもをのせるようにします。そして、親が子どもの腰に、その後、子どもが親の腰に、なでながら「だいすき・ありがとー」と伝えます。

11

ママのからださん
しっかり　きんにく
ギッタン　バッコン
骨さんもがんばる

〇〇ちゃんのからださん
だいすき・ありがとー
ママのからださんも
だいすき・ありがとー

♥ **POINT**：親は膝を立てて仰向けに寝て、子どもを足の上にのせ、足をあげたりさげたりしながら足とおなかの筋肉を使います。疲れたら足を伸ばして、親が子どものからだ全体に、その後、子どもが親のからだ全体に、なでながら「だいすき・ありがとー」と伝えます。

12

ママのあたまさん
コンピューターよりすごい
○○ちゃんもおなじ
だいだい大天才！

○○ちゃんのあたまさん
だいすき・ありがとー
ママのあたまさんも
だいすき・ありがとー

♥ **POINT**：親が子どもの頭に、その後、子どもが親の頭に、なでながら「だいすき・ありがとー」と伝えます。

13

ママのいいとこ
いっぱいさがそー
○○ちゃんのいいとこも
いっぱいあるよ

○○ちゃんのぜんぶ
だいすき・ありがとー
ママのぜんぶ
だいすき・ありがとー

♥ **POINT**：親子が向き合って座り、お互いのいいところをひとつずつ交互に伝え合います。

14

ママのいのちは
うちゅうで　ひとつ
○○ちゃんのいのちも
うちゅうで　ひとつ

○○ちゃんのいのち
だいすき・ありがとー
ママのいのち
だいすき・ありがとー

♥ **POINT**：それぞれ深い呼吸をして、自分自身に「だいすき・ありがとー」と伝えます。

15

ママのいのちと
○○ちゃんのいのち
○○○○のいのちと
○○ちゃんのいのち

みんなかがやく
いのちの光
みんなありがとー
いのちの光

♥ **POINT**：親子で手をつないで光に包まれているイメージをします（○○や○○○○には家族や好きな人の名前を入れましょう）。

巻末絵本

「わたしは・ぼくはたいせつないのち」

この絵本は、親子が一緒に完成させる絵本です。

親が子どもに一方的に読み聞かせをするだけでなく、子どものいいところ、ほめるところを一緒に探しながら、お母さん、お父さん自身も「その日の自分のプラス面」を頭において、自分自身への読み聞かせのつもりで読んでいただきたいと思います。

大人も子どもも自分のいのちがたいせつであることや、自分のよさに目を向けて尊重して生きることが「自立的に生きる力の源」になるといういのちの法則は同じものですから、親子で自己尊重感を一緒にはぐくみ合ってほしいと願っています。

★この絵本の読み方

①「わたし」「ぼく」のどちらかを選んで、マルで囲んでください。読むときはマルで囲んだほうだけ読みます。

②「　」の部分には、言葉を入れてください。字が書ける子は自分で書きましょう。

③①と②ができると、あなたとお子さんだけの特別の本ができあがります。できあがったら何回も読みましょう。毎日読んでいると、あなたとお子さんのいいところがたくさん増えていきますよ。

＊この絵本は二〇〇一年にれんが書房新社から出版されました。学校の教材で使われたり、母親の勉強会などでも活用されたりして再版を重ねましたが、二〇〇五年に事情があり絶版となりました。その後、多くの方々から再版を求める声をいただきましたが、ようやくこのような形でみなさまにお届けできる運びとなりました。
本文には一部修正を加え、イラストを新たにいたしました。
ぜひ、お子さんとご一緒に愛読していただきたいと思います。

あなたへ・きみへ

もしも
このちきゅうのうえに
たったひとつしかないものを
みつけたら

あなたは・きみは
とてもうれしくなるでしょ
そして
それを
たいせつにするでしょ

あなたは・きみは
もう
みつけているんだよ

1

たったひとつの
きらきらひかるもの

そう
それは
わたし・ぼく
といういのち

だから
いつも
じぶんをたいせつにしていこうね

いつでも
じぶんのいいところを
みて
いきていこうね

❷

わたしの・ぼくの
いいところ、たくさんあるよ

「　　　　」
「　　　　」
「　　　　」

③

「　　　　　　」

「　　　　　　」

「　　　　　　」

（あなたのいいところをさがして、「　　　」のなかにかきましょう。
154～157ページもみてください）

④

わたしは・ぼくは
いつでも
わたしの・ぼくの
いいところを
おぼえている

だれかにわるくいわれても
わたしの・ぼくの
いいところを
わすれない

5

わたしは・ぼくは
じぶんを
たいせつにする

❻

わたしは・ぼくは
まいにち
わたしを・ぼくを
ほめてあげる

きょうは
「　　　　」
を
ほめてあげた

⑦

よくやったね！
わたしは・ぼくは
おりこうさん
わたしは・ぼくは
えらかった
わたしは・ぼくは
すごいよ
わたしのこと・ぼくのこと
だいすき！

（きょうの〝いいところさがし〟をしましょう。
たとえば「ごはんをよくかんでたべたこと」
「いぬをさんぽにつれていったこと」というようにかいてください）

⑧

きょうも
わたしを・ぼくを
ほめてあげる

⑨

あしたもまた
ほめてあげる

10

いつも
いいところを
ほめていると
もっとたくさん
いいところが
ふえるんだって

11

⑫

ときどき
しっぱいもするけれど
でも
つぎは
きっと
だいじょうぶ

⑬

また
わたしを・ぼくを
ほめてあげよう

14

たまに
おこられたりするけれど
でも
わかれば
もう
だいじょうぶ

⑮

また
わたしを・ぼくを
ほめてあげよう

⑯

わたしは・ぼくは
うまれたときから
いいものを
たくさん
もっているから

17

しっぱいしても
いいところは
なくならない
おこられても
いいところは
なくならない

18

わたしは・ぼくは
ほかのひとの
いいところも
みつけられる

⑲

ほかのひとのことも
ほめてあげられる

⑳

わたしは・ぼくは
じぶんのことだけでなく
みんなのことも
たいせつにするよ

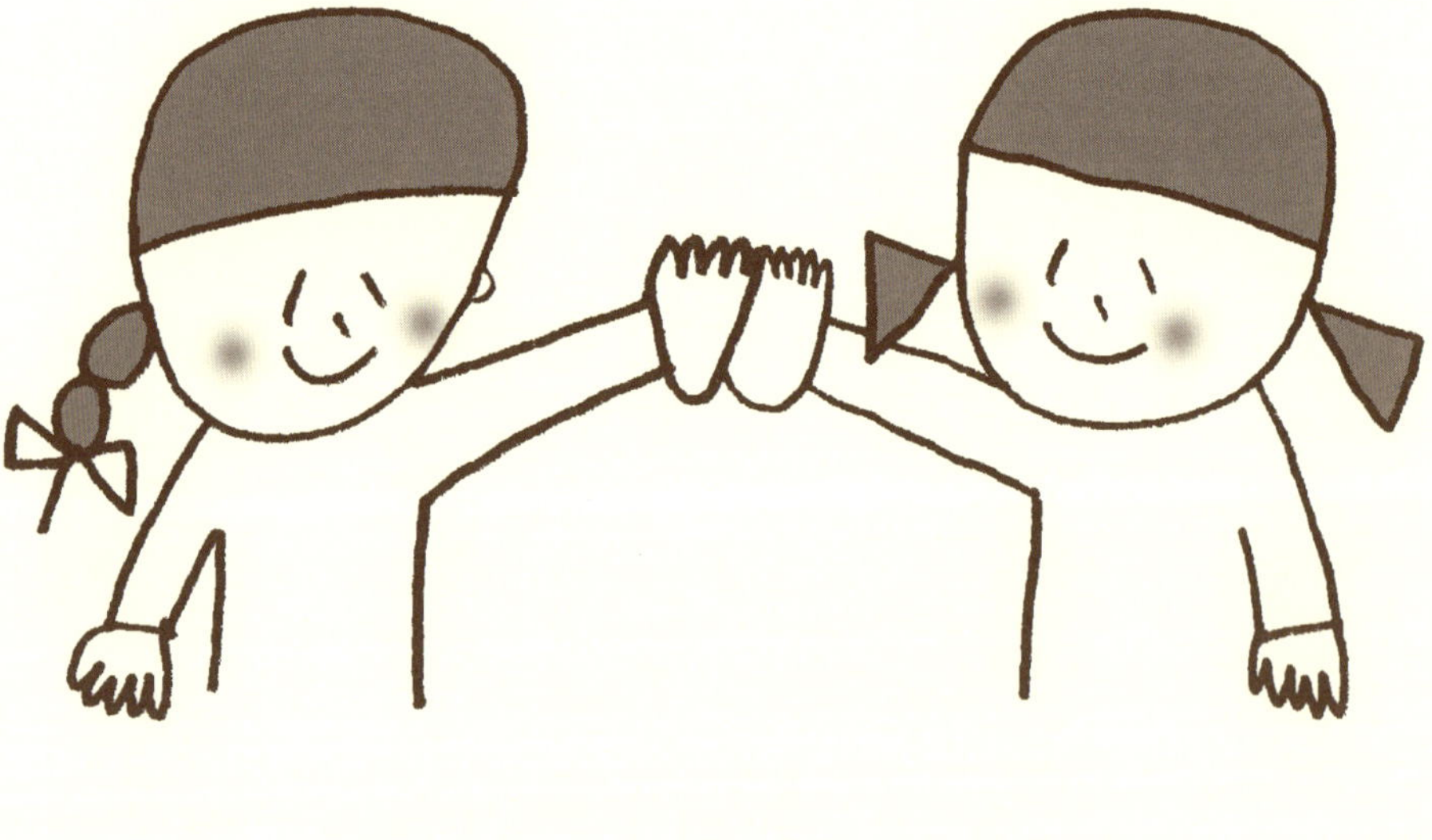

21

22

みんなも
うまれたときから
いいものを
たくさん
もっている

23

だから
みんな
たいせつな
いのち

24

25

たいせつな
わたしが・ぼくが
だれかに
ぶたれたら
いや！

たいせつな
わたしが・ぼくが
だれかに
いじわるされたら
いや！

とても
かなしい

26

だから
ほかのひとのことも
ぶったりしない
ほかのひとに
いじわるしない

27

28

だれでも
みんな
たいせつないのち

29

わたしも・ぼくも
みんなも
きらきらしている
たいせつな
いのち

30

ちきゅうのうえで
わたしは・ぼくは
いきている

かぞくも
ともだちも
せんせいも
がいこくのひとも

みんな
おなじちきゅうで
いきている

31

32

おはなも
くさも
ねこも
うさぎも
〔　　　　　〕
〔　　　　　〕
〔　　　　　〕
みんな
ちきゅうのうえで
いきている

（すきなおはなやどうぶつのなまえを〔　　〕のなかにかきましょう。
ひだりのイラストに、すきなおはなやくさをかきいれてみましょう）

㉝

㉞

35

こうえんの
おおきなきも
すずめもはとも
いきている

うみや
やまやもりだって
いきている

みんな
わたしと・ぼくとおなじ
いきているたいせつな
いのち

36

じぶんの「いいところ」がわからないひとは、
つぎのなかからさがしてみましょう。

ごはんをよくかんでたべる
ともだちにやさしくできる
そとであそぶことができる
うちのなかであそぶことができる
ともだちとあそべる
きょうだいとなかよくできる
ひとりであそべる
てつぼうのまえまわりができる
きのぼりができる

37

おにごっこがすき
かけっこがすき
げんきがいい
こうさくがすき
うたがすき
えをかくのがすき
がっきがすき
おはながすき
どうぶつがすき
いぬのせわができる
おはなをそだてることができる
やまがすき
うみがすき
ほんがすき

38

おてつだいをする
おかあさんのかたをもんであげる
おつかいにいける
おこめをとげる
りょうりをはこべる
かたづけをする
「ごめんなさい」といえる
「ありがとう」といえる
へんじができる
こまっているひとをたすけてあげる
おとしよりにやさしくできる
じぶんのいいところをしっている
ほかのひとのいいところをしっている

39

じぶんをたいせつにできる
ほかのひとをたいせつにできる
じぶんのすきなものを「すき」といえる
いやなものを「いや」といえる
わらいたいときにわらえる
なきたいときになける
じぶんのきもちをはなせる
ひとのおはなしをきける
しっぱいしても、やりなおすことができる
じぶんがだいすき
おかあさんがすき
おとうさんがすき
すきなひとがいる

40

おわりに

あなたが、
自分自身にやさしい言葉をかけているようすや、
自分をほめて、とらわれていた思いを手放す姿を想像するだけで、
私はとてもうれしくなります。

本書を通して私とご縁のあったあなただから、
私はあなたにいつもキラキラと輝いていてほしい、
子どもさんもご家族も幸せでいてほしいと、
こころから願っています。

少しの時間をやりくりして、本書の〝ほめ〟セラピーのワークを実践し、
たくさんの喜びをあなたのものにしてくださいね。
あなたのご家庭にプラス言葉のエネルギーが満ちて、
笑顔がはじけることを、

そして、私たちの社会に、そのエネルギーがひろがることを、いつも祈っています。

＊＊＊

本書のために「ほめ日記」体験を話してくださった方々、ありがとうございました。
また、「ほめ日記」に書いたことを教えてくださった子どもさんたち、どうもありがとう～!!

「こんな本をつくりたい」とイメージしたとおりの本をつくってくださった学陽書房さん、感謝でいっぱいです。イラストを描いてくださったmatsu（マツモト ナオコ）さん、そしてこの本づくりにかかわってくださったすべての方にお礼を申し上げます。

二〇一二年五月

手塚千砂子

＊『自分を愛するためのココロとカラダのセラピー・ブック――自分らしい幸せと出会うために』（学陽書房）、『ほめ日記――子育てハッピートレーニング』（三五館）も、ぜひ、ご参考にしてください。

手塚千砂子 Chisako Tezuka

特定非営利活動法人自己尊重プラクティス協会・代表理事、セルフエスティーム・コーチ
1992年、自己探求のため学んでいた仏教およびヨガ哲学、瞑想をベースに、独自の自己実現プログラムを考案。ワークルーム「心のジム・テヅカ」を開設し、その指導にあたる。
2003年、自己尊重感を高めるワークとして考案した「ほめ日記」「フィーリングトレーニング」などの普及のためにNPOを立ち上げ、全国各地の自治体、団体などでセミナー、講演、指導者の養成などを行う。全国の幅広い読者、受講者から「救われました」と支持を受けている。
著書に『自分で自分をほめるだけ「ほめ日記」をつけると幸せになる！』（メディアファクトリー)、『ほめ日記 自分新発見——自分で自分を大切に』『ほめ日記実践ガイド』(ともに三五館)、『自分を愛するためのココロとカラダのセラピー・ブック——自分らしい幸せと出会うために』（学陽書房）など多数。

親も子もラクになる魔法の“ほめ”セラピー

2012年6月20日　初版印刷
2012年6月26日　初版発行

著者——手塚千砂子《てづかちさこ》

デザイン——スタジオトラミーケ（笠井亞子、納富 進、秋葉敦子）
イラスト——matsu（マツモト　ナオコ）
発行者——佐久間重嘉
発行所——株式会社 学陽書房
東京都千代田区飯田橋1-9-3　〒102-0072
営業部　TEL03-3261-1111　FAX03-5211-3300
編集部　TEL03-3261-1112　FAX03-5211-3301
振　替　00170-4-84240

印刷・製本——三省堂印刷

ISBN978-4-313-66059-5　C0037